Réserve

LES
PLAISIRS
DE L'ISLE
ENCHANTE'E.

Course de Bague faite par le Roy
à Versailles, le 6. May, 1664.

A PARIS,
Par ROBERT BALLARD, seul Imprimeur du
Roy pour la Musique.

M. DC. LXIV.

Auec Priuilege de sa Majesté.

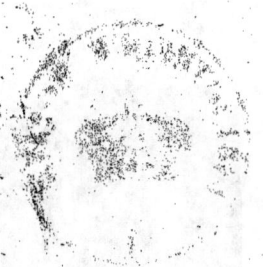

LES PLAISIRS
DE L'ISLE ENCHANTEE.
PREMIERE IOVRNЕE.

Courſe de Bague faite par le Roy.

AVANT-PROPOS.

Es charmes d'Alcine, qui n'auoit pas moins de beauté que de ſçauoir, retenant aupres d'elle, par vn double enchantement, le braue Roger, & pluſieurs autres vaillants Cheualliers: toutes ſes penſées ne s'occuperent plus qu'a empeſcher

leur fuitte, pour faire durer ſes plaiſirs:
Elle joignit à la force, & à la ſçituation de
ſon Palais, le pouuoir de ſes Demons, la
fierté de ſes Geants, & celle de ſes beſtes
farouches: Mais elle n'euſt pas moins de
confiance aux diuerttiſſements des Pro-
menades, de la Dance, des Tournois,
dès Feſtins, de la Comedie, & de la Mu-
ſique. Et comme elle auoit autant d'A-
mans que de Captifs, & qu'ils ne pen-
ſoient tous qu'à luy plaire: Ces Illuſtres
Guerriers font vne partie de Courſe de
Bague; & prenant pour ſujet les Ieux
Pythiens, auſquels Apollon preſidoit, ils
font leur entrée dans la Lice, auec tous
les ornements dont ils peuuent l'accom-
pagner, dans le plus beau lieu que la
Nature & l'Art ayent jamais formé, &
embelly pour le plaiſir de la vie: Mais
cette belle Magicienne, de qui les en-
chantements eſtoient d'vne force prodigieuſe, n'eſtant pas ſatisfaite que ſa puiſ-
ſance

fance paruft en vn feul endroit de la Terre; afin de porter en tous lieux le triomphe de fa beauté, par les homma-ges de ces Cheualliers, a rendu fon Ifle flotante: Et apres auoir vifité plufieurs Climats, elle la fait aborder en France, ou par le refpect & l'admiration que luy caufent les rares qualitez de la Reyne; Elle ordonne à ces Guerriers de faire, en faueur de fa Majefté, tout ce qu'ils au-ront peu inuenter pour luy plaire par leur adreffe, & par leur magnificence.

ORDRE
DE L'ENTRÉE
DES CHEVALIERS
dans le Camp, leurs suittes,
& Deuises.

VN Heraut d'Armes.
Monsieur Desbardins.

VN Page de Roger, Chef de la Quadrille, portant sa Lance & l'Escu de sa Deuise, accompagné de celuy de Guidon le Sauuage, Mareschal de Camp, & de celuy d'Oger le Danois, Iuge des Courses portans les Lances, & les Escus de leurs Maistres.

Quatre Trompettes, & deux Tymballiers.

LE Duc de Saint-Aignan, repreſentant Guidon le Sauuage, Mareſchal de Camp, ayant pour Deuiſe vn Tymbre d'Horloge frappé par le Marteau, qui ſonne les Heures, auec ces mots.

De mis golpes mi Ruido.

Le Duc de Saint-Aignan, *repreſentant* *Guidon le Sauuage.*

MADRIGAL.

LES combats que j'ay faits en l'Iſle dangereuſe,
Quand de tant de Guerriers je demeuray
vainqueur,
Suiuis d'vne épreuue amoureuſe,
Ont ſignalé ma force auſſi bien que mon cœur.
La vigueur qui fait mon eſtime,
Soit qu'elle embraſſe vn party legitime,
Où qu'elle vienne à s'eſchapper;
Fait dire, pour ma gloire, aux deux bouts de la
Terre,
Qu'on n'en void point en toute guerre,
Ny plus ſouuent, ny mieux frapper.

POVR LE MESME.

SEul contre dix Guerriers, seul côtre dix Pucelles
C'est auoir sur les bras deux étranges querelles,
Qui sort à son honneur de ce double combat
Doit estre ce me semble vn terrible Soldat.

Huit Trompettes, & deux Tymballiers.

LE ROY, representant Roger, ayant
pour Deuise vn Soleil auec ces mots.

Nec Cesso, nec Erro.

Pour Le ROY, Representant Roger.

CE n'est pas sans raison que la Terre & les
Cieux,
Ont tant d'estonnement pour vn Objet si rare;
Qui dans son cours penible, autant que glorieux,
Iamais ne se repose, & jamais ne s'égare.

SONNET.

Pour LE ROY, sous le nom de ROGER.

QVelle taille, quel port a ce fier Conquérant!
Sa personne éblouit quiconque l'examine,
Et quoy que par son Poste il soit déja si Grand,
Quelque chose de plus éclate dans sa mine.

Son

Son front de ſes Deſtins eſt l'auguſte garant,
Par delà ſes Ayeux ſa vertu l'achemine,
Il fait qu'on les oublie, & de l'air qu'il s'y prend
Bien loin derriere luy laiſſe ſon origine.

De ce cœur genereux c'eſt l'ordinaire employ,
D'agir plus volontiers pour Autruy que pour ſoy,
Là principalement ſa force eſt ocupée :

Il efface l'éclat des Héros anciens,
N'a que l'honneur en veuë, & ne tire l'épée
Que pour des intereſts qui ne ſont pas les ſiens.

Le Duc de Noailles, repreſentant Oger le
Danois, Iuge des Courſes, ayant pour Deuiſe
vn Aigle, qui voyant le Soleil, s'eſleue & ouure
ſes Aiſles pour s'en approcher, auec ces mots.

Fidelis & audax.

Le Duc de Noailles.   Oger le Danois
Iuge du Camp.

CE Paladin s'applique a cette ſeule affaire
De ſeruir dignement le plus puiſſant des Rois,
Comme pour bien juger il faut ſçauoir bien faire
Ie doute que perſonne appelle de ſa voix.

Le Duc de Guise, & le Comte d'Armagnac ensemble.

Le Duc de Guise, representant Aquilant le noir, ayant pour Deuise vn Lyon qui dort, auec ces mots.

Et quiescente pauescunt.

Le Duc de Guise. *Aquilant le Noir.*

LA Nuit a ses beautez de mesme que le jour,
Le Noir est ma couleur, je l'ay toûjours ay-
meé,
Et si l'obscurité conuient à mon Amour,
Elle ne s'estend pas jusqu'à ma Renommée.

Le Comte d'Armagnac, representant Griffon le blanc, ayant pour Deuise vne Hermine auec ces mots.

Ex candore decus.

Le Comte d'Armagnac. *Griffon le Blanc.*

VOyez quelle candeur en moy le Ciel a mis,
Aussi nulle Beauté ne s'en verra trompée,
Et quand il sera temps d'aller aux ennemis
C'est ou je me feray tout Blanc de mon épée.

Les Ducs de Foix, & de Coaslin.

Le Duc de Foix, repreſentant Renaud, ayant pour Deuiſe vn Vaiſſeau dans la Mer, auec ces mots.

Longe leuis aura feret.

Pour le Duc de Foix.   *Renaud.*

IL porte vn Nom celebre, il eſt jeune, il eſt ſage,
A vous dire le vray c'eſt pour aller bien haut,
Et c'eſt vn grand bonheur que d'auoir à ſon âge
La chaleur neceſſaire, & le flegme qu'il faut.

Le Duc de Coaslin, repreſentant Dudon, ayant pour Deuiſe vn Soleil, & l'Heliotrope ou Tourneſol, auec ces mots.

Splendor ab obſequio.

Le Duc de Coaslin.   *Dudon.*

TRop auant dans la Gloire on ne peut s'en-
gager,
J'auray vaincu ſept Rois, & par mon grand courage
Les verray tous ſoûmis au pouuoir de ROGER,
Que je ne ſeray pas content de mon Ouurage.

Le Comte du Lude, & le Prince de Marsillac.

Le Comte du Lude, repreſentant Aſtolphe, ayant pour Deuiſe vn chiffre en forme de nœud, auec ces mots.

Non fia mai ſciolto.

Le Comte du Lude. *Aſtolphe.*

DE tous les Paladins qui ſont dans l'Vniuers
Aucŭ n'a pour l'Amour l'ame plus échaufée,
Entreprenant toûjours mille projets diuers,
Et toûjours enchanté par quelque jeune FE'E.

Le Prince de Marſillac, repreſentant Brandimart, ayant pour Deuiſe vne Montre en relief dont on voit tous les reſſorts, auec ces mots.

Chieto fuor commoto dentro.

Le Prince de Marſillac. *Brandimart.*

MEs vœux ſeront contents, mes ſouhaits ac-
complis,
Et ma bonne fortune à ſon comble arriuée
Quand vous ſçaurez, mon zelle, aymable FLEVR-
DELIS,
Au milieu de mon cœur profondément grauée.

Les

Les Marquis de Villequiert,
& de Soyecourt.

Le Marquis de Villequiert, repreſentant Richardet, ayant pour Deuiſe vn Aigle qui plane deuant le Soleil, auec ces mots.

Vni militat Aſtro.

Et autour de l'Eſcu eſt eſcrit, *de meſme que l'Aigle ne combat que pour mon Roy qui eſt mon Iupiter, ou pour ma Maiſtreſſe qui eſt mon Aſtre.*

Le Marquis de Villequiert. *Richardet.*

PErſonne comme moy n'eſt ſorty-galamment
D'vne intrigue ou ſans doute il faloit quelque
    adreſſe,
Perſonne à mon auis plus agreablement
N'eſt demeuré fidelle en trompant ſa Maiſtreſſe.

Le Marquis de Soyecourt, repreſentant Oliuier, ayant pour Deuiſe la Maſſuë d'Hercule, auec ces mots.

Vix æquat fama labores.

D

Le Marquis de Soyecourt. *Oliuier.*

Voicy l'honneur du Siecle, auspres de qui nous
    ſommes,
Et meſme les Geants, de mediocres Hommes,
Et ce franc Cheualier à tout venant tout preſt
Toûjours pour quelque Iouſte a la lance en arreſt.

Les Marquis d'Humieres, & de la Valliere.

Le Marquis d'Humieres, repreſentant Ariodant, ayant pour Deuiſe toutes ſortes de Couronnes, auec ces mots.

No quiero Menos.

Le Marquis d'Humieres. *Ariodant.*

IE tremble dans l'accés de l'amoureuſe fiévre,
Ailleurs ſans vanité je ne tremblay jamais,
Et ce charmant objet l'adorable GENE'VRE
Eſt l'vnique vainqueur à qui je me ſoûmets.

Le Marquis de la Valliere, repreſentant Zerbin, ayant pour Deuiſe vn Phœnix ſur vn bucher allumé par le Soleil, auec ces mots.

Hoc juuat vri.

Le Marquis de la Valliere. *Zerbin.*

QVelques beaux *sentimens que la gloire nous*
  donne
Quand on est amoureux au souuerain degré,
Mourir entre les bras d'vne belle Personne
Est de toutes les morts la plus douce à mon gré.

Monsieur le D V C , representant Roland,
ayant pour Deuise vn Dard entortillé de Lauriers, auec ces mots.

Certo ferit.

Monsieur le Duc. *Roland.*

ROland fera bien loin son grand Nom retẽtir,
  La Gloire deuiendra sa fidelle Compagne,
Il est sorty d'vn sang qui brusle de sortir
Quand il est question de se mettre en campagne,
  Et pour ne vous en point mentir
  C'est le pur sang de Charlemagne.

APollon paroist sur vn Char, conduit par le
  Temps; ayant à ses pieds les quatre Siecles,
enuironné des douze heures du jour, & des
douze Signes du Zodiaque.

Les Pages des Cheualiers portant leurs Lances, & les Escus de leurs Deuises.

Vingt Pasteurs chargez de diuerses pieces de la Barriere, dont la Lice doit estre fermée pour la dresser en vn moment.

TOute cette Troupe entrant par l'vn des quatre Portiques, qui aboutissent aux quatre auenuës du Camp, & apres en auoir fait le tour, s'estant arrestez deuant les Reynes; Apollon, & les quatre Siecles recitent ces vers en Dialogue.

LE SIECLE D'AIRAIN à Apollon.

Brillant pere du jour, Toy de qui la puissance
Par ses diuers aspects nous donna la naissance;
Toy l'espoir de la Terre, & l'ornement des Cieux ;
Toy le plus necessaire & le plus beau des Dieux ;
Toy dont l'actiuité, dont la bonté suprême
Se fait voir & sentir en tous lieux par soy-mesme:
Dis nous par quel destin, ou par quel nouueaux chois
Tu celebres tes jeux aux riuages François?

APOLLON.

Si ces lieux fortunez ont tout ce qu'eût la Grece
De gloire, de valeur, de merite & d'adresse;
Ce n'est pas sans raison qu'on y voit transferez

Ces

Ces jeux , qu'à mon honneur la terre a confacreʒ:
  I'ay toûjours pris plaifir à verfer fur la France
De mes plus doux Rayons la benigne influence:
Mais le charmant objet qu'Hymen y fait regner,
Pour elle maintenant me fait tout defdaigner.

  Depuis vn fi long-têps que pour le bien du monde
Ie fais l'immenfe tour de la terre & de l'onde,
Iamais je n'ay rien veu fi digne de mes feux,
Iamais vn fang fi noble, vn cœur fi genereux,
Iamais tant de lumiere auec tant d'innocence;
Iamais tant de jeuneffe auec tant de prudence;
Iamais tant de grandeur auec tant de bonté;
Iamais tant de fageffe auec tant de beauté.

  Mille Climats diuers qu'on vit fous la puiffance
De tous les demi-Dieux dont elle prit naiffance,
Cedant à fon merite autant qu'à leur deuoir,
Se trouueront vn jour vnis fous fon pouuoir.

  Ce qu'eurent de grandeurs & la France &
      l'Efpagne,
Les droicts de Charles-Quint, les droicts de
      Charle-Magne,
En elle, auec leur fang heureufement tranfmis,
Rendront tout l'Vniuers à fon Trofne foûmis:
Mais vn titre plus grand, vn plus noble partage
Qui l'efleue plus haut, qui luy plaift dauantage;
Vn nom qui tient en foy les plus grands noms vnis,
C'eft le nom glorieux d'Efpoufe de LOVIS.

E

LE SIECLE D'ARGENT.

Quel destin fait brisler auec tant d'injustice
Dans le siecle de fer vn Astre si propice?

LE SIECLE D'OR.

Ah! ne murmure point contre l'ordre des Dieux,
Loin de s'en orgueillir, d'vn don si precieux,
Ce siecle qui du Ciel a merité la haine
En deuroit augurer sa ruïne prochaine,
Et voir qu'vne vertu qu'il ne peut suborner,
Vient moins pour l'anoblir que pour l'exterminer.
Si-tost qu'elle paroist dans cette heureuse terre,
Voy comme elle en banit les fureurs de la guerre:
Comment depuis ce jour d'infatigables mains
Trauaillent sans relâche au bon-heur des humains;
Par quels secrets ressors vn Heros se prepare
A chasser les horreurs d'vn siecle si barbare,
Et me faire reuiure auec tous les plaisirs,
Qui peuuent contenter les innocens desirs.

LE SIECLE DE FER.

Ie sçais quels ennemis ont entrepris ma perte,
Leurs desseins sont connus, leur trasme est descou-
　　uerte;
Mais mon cœur n'en est pas à tel point abatu...

APOLLON.

Contre tant de grandeur, contre tant de vertu,
Tous les monstres d'Enfer vnis pour ta deffense

Ne feroient qu'vne foible & vaine refiftance:
L'Vniuers opprimé de ton joug rigoureux,
Va goufter par ta fuite vn deftin plus heureux:
Il eft temps de ceder à la Loy fouueraine,
Que t'impofent les vœux de cette augufte Reyne;
Il eft temps de ceder aux trauaux glorieux
D'vn Roy fauorifé de la Terre & des Cieux:
Mais icy trop long-temps ce different m'arrefte,
A de plus doux combats cette Lice s'aprefte;
Allons la faire ouurir, & ployons des Lauriers,
Pour couronner le front de nos fameux Guerriers.

APOLLON, fur vn Char.   La Grange.

LE TEMPS, menant le Char d'Apollon.   Millet.

Les quatre Siecles.

Siecle d'Airain.	Mad[lle]. de Brie.
Siecle d'Or.	Mad[lle]. Moliere.
Siecle d'Argent.	Hubert.
Siecle de Fer.	Du Croify.

APres le recit d'Apollon & des Siecles, la courfe de Bague fe fait, & la nuit furuenant, les enuirons de l'Ifle enchantée brillent d'vn nombre infiny de lumieres, & l'on voit entrer dans la mefme place trente-quatre concertans marchant deuant les quatre Saifons.

LE PRINTEMPS, fur vn Cheual d'Efpagne.

L'ESTE, fur vn Elephant.

L'AVTOMNE, fur vn Chameau.

L'HYVER, fur vn Ours.

Quarante-huit perfonnes de la fuitte des Saifons : Douze Iardiniers, douze Moiffonneurs, douze Vandangeurs, & douze Vieillards, qui par leurs Fleurs, leurs Efpics, leurs Fruicts, & leurs Glaces ; marquent chacune des Saifons, & portent les Baffins pour la Collation.

Concert de Pan & de Diane, compofé de quatorze perfonnes de leur fuitte.

PAN & DIANE fur vne Machine portée en l'air.

Vingt-quatre de la fuitte de Pan & de Diane, portant des viandes de la Menagerie du premier, & de la Chaffe de l'autre.

Dix-huit Pages, qui doiuent feruir à Table les Dames.

Cette Troupe eftant rangée, les quatre Saifons, Pan & Diane, fe prefentent deuant la Reyne, & luy difent ces Vers.

LE

LE PRINTEMPS.
A LA REYNE.

ENtre toutes les fleurs nouuellement écloses,
    Dont mes jardins font embellis,
Méprifant les jafmins, les œillets & les rofes,
Pour payer mon tribut j'ay fait choix de ces lys,
Que de vos premiers ans vous auez tant cheris :
LOVIS les fait briller du couchant à l'aurore,
Tout l'Vniuers charmé les refpecte & les craint ;
Mais leur regne eft plus doux & plus puiffant
      encore,
    Quand ils brillent fur voftre teint.

L'ESTE'.

Surpris vn peu trop promptement,
J'apporte à cette Fefte vn leger ornement ;
    Mais auant que ma faifon paffe,
    Ie feray faire à vos Guerriers,
    Dans les campagnes de la Thrace,
    Vne ample moiffon de Lauriers.

L'AVTOMNE.

Le Printemps orgueilleux de la beauté des fleurs
    Qui luy tomberent en partage,

F

Pretend de cette Feſte auoir tout l'auantage,
Et nous croit obſcurcir par ſes viues couleurs:
Mais vous vous ſouuiendreʒ, Princeſſe ſans
    ſeconde,
De ce fruict precieux qu'a produit ma ſaiſon,
Et qui croiſt dans voſtre maiſon,
Pour faire quelque jour les delices du Monde.

L'HYVER.

La neige, les glaçons que j'apporte en ces lieux,
    Sont des mets les moins precieux;
    Mais ils ſont des plus neceſſaires,
Dans vne Feſte où mille objets charmans,
    De leur œillades meurtrieres,
    Font naiſtre tant d'embrazemens.

DIANE.

A LA REYNE.

Nos bois, nos rochers, nos montagnes,
    Tous nos chaſſeurs, & mes compagnes
Qui m'ont toûjours rẽdu des honneurs ſouuerains;
Depuis que parmy nous ils vous ont veu paroiſtre,
    Ne veulent plus me reconnoiſtre,
Et chargeʒ de preſens, viennent auec moy
Vous porter ce tribut pour marque de leur foy.

Les habitans legers de cét heureux boccage,
De tomber dans vos rets font leur fort le plus doux,
Et n'eftiment rien dauantage,
Que l'heur de perir de vos coups :
Amour dont vous auez la grace & le vifage,
A le mefme fecret que vous.

P A N.

Ieune Diuinité, ne vous eftonnez pas,
Lors que nous vous offrons en ce fameux repas
L'eflite de nos bergeries :
Si nos troupeaux gouftent en paix
Les herbages de nos prairies,
Nous deuons ce bon-heur à vos diuins attraits.

LE PRINTEMPS, monté fur vn cheual
d'Efpagne.

Mad^{lle} du Parc.

L'ESTE´, monté fur vn Elephant.

Du Parc.

L'AVTOMNE, montée fur vn Chameau.

La Thorilliere.

L'HYVER, monté fur vn Ours.

Bejart.

Pan, & Diane dans vne Machine.

Mad^lle. Bejart.   *Diane.*
Moliere.   **Pan.**

Apres que Pan a acheué son Recit, vne Table ornée de festons, & fort enrichie se descouure; & les quatre Controlleurs Generaux, Monsieur de la Marche Coquet, Messieurs Parfait Pere, Fils & Frere, sous les noms de l'Abondance, la Ioye, la Propreté, & la bonne-chere, l'ayant fait couurir par les Plaisirs, les Ieux, les Ris & les Delices : vne magnifique Collation finit ce premier jour des Diuertissements de L'Isle enchantée.

FIN DE LA PREMIERE IOVRNE'E.

SECONDE IOVRNE'E DES PLAISIRS DE L'ISLE ENCHANTE'E.

AVANT-PROPOS.

LE Braue Roger, & les fameux Guerriers de fa Quadrille auoient trop bien reuffi aux Courfes qu'ils auoient entreprifes dans l'Ifle Enchantée; & la Magicienne qui les auoit conuiez à en diuertir vne grande Reyne, auoit receu trop de fatisfaction de cette galanterie, pour n'en defirer pas la continuation : Ces Cheualliers luy donnent donc le plaifir de la Comedie; comme ils auoient entrepris les Courfes fous le nom des Ieux Pythiens, & armez à la Grecque, ils ne fortent point de leur premier deffein, lors que la fcene

A

eſt en Elide: C'eſt là qu'vn Prince d'humeur magnifique & galante, ayant vne fille auſſi natu-
rellement ennemie de l'amour, qu'ornée de tous
les dons qui la rendent aymable, propoſe des
Ieux d'exercices, des Courſes de Chariots, &
des Chaſſes, croyant que la magnificence des
premiers, & le diuertiſſement de l'autre, ou l'a-
dreſſe & le courage ſe font remarquer, feront
choiſir parmy les diuers Princes qu'il y auoit
conuiez vn amant à ſa fille, qui ſoit digne d'elle.
Il y reuſſit heureuſement, & l'intrigue de la Comedie eſtant de ſoy fort galante, eſt encore
augmentée par des Concerts, des Recits, &
des Entrées de Ballet, qui entrent bien dans le
ſujet, & le rendent fort agreable.

Noms de ceux qui jouënt la Comedie.

Le Prince d'Elide.	Hubert.
La Princeſſe d'Elide, & deux autres ſes parentes.	Meſd^{lles.} de Brie. Moliere, du Parc.
Philis.	Mad^{lle}. Bejart.
Le Prince d'Ithaque.	La Grange.
Le Prince de Meſſene.	Du Croyſy.
Le Prince de Pyle.	Bejart.
Arbale Gouuerneur du Prince d'Ithaque.	La Thorilliere.
Moron.	Moliere.
Lycas, & deux petits Pages.	

Noms de ceux qui danfent au Ballet,
& ceux qui chantent.

L'AVRORE.

Mad^{lle}. Hilaire.

Quatre Valets de Chiens, qui doiuent chanter.
Meffieurs Eftiual, Don, Blondel, & Molliere.

Six autres Valets de Chiens, qui doiuent danfer.
Les Sieurs Payfan, Chicanneau, Noblet, Pefan,
Bonard, & La Pierre.

Deux Ours.
Les Sieurs Mercier, & Vagnard.

Huict Payfans.
Les Sieurs Payfan, Chicanneau, Baltazard, Noblet,
Bonard, Mançeau, Magny, & La Pierre.

Un Satyre.
M. Eftiual.

Deux Paſtres.

Meſſieurs Le Gros, & Blondel.

Deux Bergeres Heroïques.

Mad^lle. La Barre.   Mad^lle. Hilaire.

Deux Bergers Heroïques.

Meſſieurs Don, & Eſtyual.

Seize Faunes

FLVTTES.

Les Sieurs Pieſche, Deſcouſteaux, Deſtouche, Martin Hottere, Louis Hottere, Iean Hottere, Nicolas Hottere, ou le Roy, & Paiſible.

Petits Violons.

Les Sieurs Marchand, La Caiſſe, Beſſon, Magny, Charlot, Alais, Huguenet, & La Fontaine.

Quatre Bergers, & quatre Bergeres.

Bergers. Les Sieurs Chicanneau, Du Pron, Noblet, & La Pierre.

Bergeres. Les Sieurs Baltaſar, Magny, Arnald, & Bonard.

FIN DE LA SECONDE IOVRNE'E.

BALLET
DV PALAIS
D'ALCINE.
TROISIESME IOVRNEE.

AVANT-PROPOS.

L E Ciel ayant resolu de donner la liberté à tant de bra-
ues Guerriers retenus dans
l'Isle Enchantée d'Alcine,
par la fin de ses charmes &
la ruïne de son Palais, cette belle Magicienne est troublée par des prodiges & des

songes, qui luy presagent son malheur prochain : En cette inquietude elle vient aux bords du Lac portée par vn Monstre Marin, accompagnée de deux de ses Nymphes ; & mesle à des plaintes de l'estat ou elle se trouue, les louanges de la Reyne Mere du Roy par ces Vers.

ALCINE, CELIE, DIRCE'.

ALCINE.

Vous à qui je fis part de ma felicité,
Pleurez auec moy dans cette extremité.

CELIE.

Quel est donc le sujet des soudaines alarmes
Qui de vos yeux charmans font couler tant de
larmes ?

ALCINE.

Si je pense en parler, ce n'est qu'en fremissant.
Dans les sombres horreurs d'vn songe menaßant,
Vn spectre m'auertit, d'vne voix esperduë,
Que pour moy des Enfers la force est suspenduë ;
Qu'vn celeste pouuoir arreste leur secours,
Et que ce jour sera le dernier de mes jours.

Ce que verſa de triſte au poinct de ma naiſſance
Des Aſtres ennemis, la maligne influence,
Et tout ce que mon art m'a predit de malheurs,
En ce ſonge fut peint de ſi viues couleurs,
Qu'à mes yeux éueillez ſans ceſſe il repreſente
Le pouuoir de Meliſſe, & l'heur de Bradamante.

　　J'auois preueu ces maux, mais les charmans
　　　　plaiſirs,
Qui ſembloient en ces lieux preuenir nos deſirs;
Nos ſuperbes palais, nos jardins, nos campagnes,
L'agreable entretien de nos cheres compagnes :
Nos jeux & nos chanſons, les concerts des oyſeaux,
Le parfun des Zephirs, le murmure des eaux,
De nos tendres amours les douces auantures,
M'auoient fait oublier ces funeſtes augures,
Quand le ſonge cruel dont je me ſens troubler,
Auec tant de fureur les vint renouueller.

　　Chaque inſtant je croy voir mes forces terraſſées,
Mes gardes eſgorgez, & mes priſons forcées ;
Ie croy voir mille amans, par mon art transformez,
D'vne égale fureur à ma perte animez ;
Quitter en méſme temps leurs troncs & leurs
　　　　feüillages,
Dans le juſte deſſein de vanger leurs outrages,
Et je croy voir, enfin, mon aymable Roger
De mes fers mépriſez, preſt à ſe deſgager.

CELIE.

La crainte en voftre efprit s'eft acquis trop
    d'empire,
Vous regnez feule icy, pour vous feule on foûpire;
Rien n'interrompt le cours de vos contentemens,
Que les accens plaintifs de vos triftes amans :
Logiftile, & fes gens chaffez de nos campagnes
Tremblent encor de peur, cachez dans leurs mon-
    tagnes;
Et le nom de Meliffe, en ces lieux inconnu,
Par vos augures feuls jufqu'à nous eft venu.

DIRCE'.

Ah! ne nous flatons point, ce fantofme effroyable
M'a tenu cette nuit vn difcours tout femblable.

ALCINE.

Helas! de nos malheurs qui peut encor douter.

CELIE.

I'y vois vn grand remede, & facile à tenter;
Vne Reyne paroift, dont le fecours propice
Nous fçaura guarentir des efforts de Meliffe :
Par tout de cette Reyne on vante la bonté,
Et l'on dit que fon cœur, de qui la fermeté
Des flots les plus mutins méprifa l'infolence,
Contre les vœux des fiens eft toûjours fans defenfe.

ALCINE.

Il eft vray je la vois, en ce preffant danger

A nous donner secours taschons de l'engager ;
Disons-luy qu'en tous lieux la voix publique estale
Les charmantes beautez de son ame Royale ;
Disons que sa vertu, plus haute que son rang
Sçait relever l'esclat de son auguste sang,
Et que de nostre sexe elle a porté la gloire
Si loin, que l'avenir aura peine à le croire ;
Que du bon-heur public son grand cœur amoureux
Fit toûjours des perils vn mépris genereux ;
Que de ses propres maux, son ame à peine atteinte,
Pour les maux de l'Estat garda toute sa crainte :
Disons que ses bien-faits versez à pleines mains
Luy gaignent le respect & l'amour des humains,
Et qu'au moindre danger dont elle est menacée
Toute la terre en deüil se montre interessée :
Disons qu'au plus haut poinct de l'absolu pouvoir,
Sans faste & sans orgueil sa grãdeur s'est fait voir ;
Qu'aux temps les plus fascheux, sa sagesse constãte,
Sans crainte a soustenu l'autorité penchante ;
Et dans le calme heureux, par ses travaux acquis,
Sans regret la remit dans les mains de son Fils.
Disons par quels respects, par quelle complaisance
De ce Fils glorieux, l'amour la recompense ;
Vantons les longs travaux, vantons les justes loix
De ce Fils reconnu pour le plus grand des Rois ;
Et comment cette Mere heureusement feconde

B

Ne donnant que deux fois a donné tant au monde.
Enfin, faisons parler nos soûpirs & nos pleurs
Pour la rendre sensible à nos viues douleurs,
Et nous pourrons trouuer au fort de nostre peine
Vn refuge paisible aux pieds de cette Reyne.

DIRCE.

Ie sçais bien que son cœur, noblement genereux,
Ecoute auec plaisir la voix des mal-heureux :
Mais on ne voit jamais éclater sa puissance
Qu'à repousser le tort qu'on fait à l'innocence ;
Ie sçais qu'elle peut tout, mais je n'ose penser
Que jusqu'à nous deffendre on la vit s'abaisser.
De nos douces erreurs elle peut estre instruite,
Et rien n'est plus contraire à sa rare conduite ;
Son Zele si connu pour le culte des Dieux
Doit rendre à sa vertu nos respects odieux,
Et loin qu'à son abord mon effroy diminuë,
Malgré-moy je le sens qui redouble à sa veuë.

ALCINE.

Ah ! ma propre frayeur suffit pour m'affliger !
Loin d'aigrir mon ennuy, cherche à le soulager,
Et tasche de fournir, à mon ame oppressée
Dequoy parer aux maux dont elle est menacée.
Redoublons cependant les Gardes du Palais,
Et s'il n'est point pour nous d'azile desormais ;

Dans noſtre deſeſpoir cherchons noſtre deffenſe,
Et ne nous rendons pas au moins ſans reſiſtance.

Alcine.	Mad^{lle}. du Parc.
Celie.	Mad^{lle}. de Brie.
Dircé.	Mad^{lle}. Moliere.

VN Chœur de pluſieurs inſtrumens ſe fait entendre de toutes parts, ſur deux Iſles ſituées aux deux coſtez du Palais d'Alcine il paroiſt vn grand nombre de Muſiciens qui font vne charmante Harmonie; pendant que le Frontiſpice du Palais venant à s'ouurir, il en ſort quatre Geants d'vne hauteur prodigieuſe, commis à la garde d'vn lieu ſi conſiderable par ſa ſituation, & par ſa force.

PREMIERE ENTRE'E.

Quatre Geants, & quatre Nains.

Geants. Les Sieurs Mançeau, Vagnard, Peſan, & Ioubert.

Nains. Les deux petits Des-Airs, Le petit Vagnard, & Le petit Tutin.

II. ENTRE'E.

HVit Maures chargez par Alcine de la garde du dedans, en font vne exacte visite, auec chacun deux flambeaux.

Maures. Messieurs D'Heureux, Beauchamp, Molier, La Marre, Les Sieurs Le Chantre, De Gan, Du Pron, & Mercier.

III. ENTRE'E.

CEpendant vn despit amoureux oblige six des Cheualiers qu'Alcine retenoit aupres d'elle, à tenter la sortie de ce Palais; mais la fortune ne secondant pas les efforts qu'ils font dans leur desespoir, ils sont vaincus apres vn grand combat par autant de Monstres qui les attaquent.

Six Cheualiers, & six Monstres.

Cheualiers. Messieurs De Souuille, Raynal, Des-Airs l'aisné, Des-Airs le second, De Lorge, & Balthasard.

Monstres. Les Sieurs Chicanneau, Noblet, Arnald, Desbrosses, Desonets, & La Pierre.

IV.

IV. ENTRE'E.

ALcine allarmée de cét accident, inuoque de nouueau tous ses Esprits, & leur demande secours: il s'en presente deux à elle, qui font des sauts auec vne force, & vne agilité merueilleuses.

Demons Agilles.

Les Sieurs S. André, & Magny.

V. ENTRE'E.

D'Autres Demons viennent encore, & semblent asseurer la Magicienne qu'ils n'oublieront rien pour son repos.

Autres Demons Sauteurs.

Les Sieurs Tutin, La Brodiere, Pesan, & Bureau.

C

VI. ET DERNIERE ENTRE'E.

MAis à peine commence-t'elle à se rasseu-
rer, qu'elle voit paroiftre auprès de Roger, & de quelques Cheualiers de sa suitte,
la sage Melisse sous la forme d'Atlas ; elle court
aussi-tost pour empescher l'effet de son inten-
tion ; mais elle arriue trop tard : Melisse a déja
mis au doigt de ce braue Cheualier la fameuse
bague qui destruit les enchantemens ; lors vn
coup de Tonnerre, suiuy de plusieurs esclairs,
marque la destruction du Palais, qui est aussi-
tost reduit en cendres par vn Feu d'artifice,
qui met fin à cette auanture, & aux diuertissements de l'Isle Enchantée.

Alcine.	Mad^{lle}. du Parc
Melisse.	De Lorge.
Roger.	M. Beauchamp.

Cheualiers. Messieurs D'Heureux, Raynal,
Du Pron, & Desbrosses.

Escuyers. Messieurs La Marre, Le Chantre,
De Gan, & Mercier.

F I N.

LISTE

DV DIVERTISSEMENT DE VERSAILLES,

ET LES NOMS DE CEVX qui y font employez.

PREMIERE IOVRNE'E.

Ce qui paroift de jour.

VN HERAVT D'ARMES.

Mr Des-Bardins.

Artagnan Page du Roy, accompagné de Gonualin
Page de Monfieur le Duc de S. Aignan, & de Ceton.
Page de Monfieur le Duc de Noailles.

A.

Quatre Trompettes, & deux Tymballiers.

	Beaulieu.		Louis Defore.
Trompettes.	La Marche.	Tymballiers.	
	Orleans.		Saint-Iean.
	La Fleur.		

Vn Mareschal de Camp.

Monſieur le Duc de S. Aignan. *Guidon le Sauuage.*
Couleur blanc, & or, les galands incarnat & noir.

Huit Trompettes, & deux Tymballiers.

	Rhodes.	Leger.
Trompettes.	La Chapelle.	La Plaine.
	Du Pré.	Champagne.
	La Salle.	Beaulis.

Tymballiers.

Beaupré.   Iolicœur.

LEROY, *Repreſentant Roger.*

Chef de la Quadrille, couleur de feu, or & argent.

Vn Iuge des Courſes.

Monſieur le Duc de Noailles. *Oger le Danois.*
Couleur de feu, noir & argent.

Chevaliers, & leurs couleurs.

Monſieur le Duc.   Roland.
Couleur de feu blanc & argent.

Monſieur le Duc de Guiſe.   Aquilant le noir.
Couleur noir & or.

Monſieur le Comte d'Armagnac.   Griffon le blanc.
Couleur argent & blanc.

Monſieur le Duc de Foix.   *Renaut.*
Couleur incarnat, or & argent.

Monſieur le Duc de Coaſlin.   *Dudon.*
Couleur vert, blanc, & argent.

Monſieur le Comte du Lude.   *Aſtolphe.*
Couleur incarnat, blanc, & argent.

Monſieur de Marſillac.   *Brandimart.*
Couleur jaune, blanc, argent, & noir.

Monſieur le Marquis de Soyecourt.   *Oliuier.*
Couleur bleu, blanc, & argent.

Monſieur le Marquis de Villequiert.   *Richardet.*
Couleur bleu, or & argent.

Monſieur le Marquis d'Humieres. *Ariodant.*
Couleur de chair, blanc, & argent.

Monſieur le Marquis de la Valliere *Zerbin.*
Couleur gris de Lin, blanc & argent.

APOLLON, ſur vn Char. La Grange.

LE TEMPS, menant le Char d'Apollon. Millet.

Les quatre Siecles.

Siecle d'Airain. Mad^{lle.} de Brie.
Siecle d'Or. Mad^{lle.} de Moliere.
Siecle d'Argent. Hubert.
Siecle de Fer. Du Croiſy.

Les douze Heures.

Souuille. Magny.
Payſan. Mançeau.
La Marre. Ioubert.
Peſan. Noblet.
De Lorge. Arnald.
De Gan. Deſonets.

Les

Les douze Signes du Zodiaque.

Beauchamp.	Des-Airs le second.
D'Heureux.	Du Pron.
Raynal.	Mercier.
Des-Airs l'aisné.	Balthazard.
Chicanneau.	S. André.
Le Chantre.	Des-Brosses.

Vnze Pages vestus de la couleur de leur Maistres,
dont ils portent la Lance, & l'Escu
de leur Deuise.

Blancas.	De Monsieur le Duc.
D'arrac.	De Monsieur de Guise.
De Forgues.	De Monsieur d'Armagnac.
Mont-plaisir.	De Monsieur le Duc de foix.
Maslou.	De Monsieur le Duc de Coaslin.
Combrou.	De Monsieur le Comte du Lude.
La Borde.	De Monsieur de Marsillac.
Hericour.	De Monsieur de Soyecourt.
Mespas.	De Monsieur de Villequier.
Rimberlieu.	De Monsieur d'Humieres.
S. André.	De Monsieur de la Valliere.

B

Vingt Pasteurs, Ouuriers portant la Barriere.

Petit.	Paul.
Trouuain, le Charon.	Giraut.
Marot, le Peintre.	Le Maire.
Blaise.	Maheu.
La Place.	Tartaille.
Basin l'aisné.	Rambure.
Basin le cadet.	Dauphin.
Iean de Flandres.	Antoine.
Lionnois.	Iumel le Menuisier.
S. Paul.	Iumel le Sculpteur.

Ce qui paroist de Nuict.

LE PRINTEMPS, monté sur vn cheual d'Espagne.

Mad^lle. du Parc.

Douze de sa suite.

L'Azure.
Lienard.
Coyrin.   } Officiers du gobelet.
De Pille.
Ienneßon.

Hurlot.
Contaut.   } Grands Valets de pied.
Mongin.

Renaudin.
Ioannet.
Pierrot.
Le Noble. } Petits Valets de pied

L'ESTE', monté fur vn Elephant.
Du Parc.

Douze de fa fuite.

Guichon.
Cleiret.
Vendelle.
La Boire.
Rofeau. } Officiers du gobelet.

La Rofe.
Pernaut.
La Chapelle.
Du Pré. } Grands Valets de pied.

Courtille.
La Fleur.
Arnauld. } Petits Valets de pied.

L'AVTOMNE, montée fur vn Chameau.
La Thorilliere.

Douze de fa fuite.

Fontenelle.
Iemarie.
Amiot.
Mettayer.
Bourru. } Officiers du Gobelet.

Langlois l'aiſné.
Langlois le cadet. } Grands Valets de pied.
Boulanger.

La Ieuneſſe.
Lambelot. } Petits Valets de pied.
Butin.
Le Lieure.

L'HYVER, monté ſur vn Ours.

Bejart.

Douze de ſa ſuite.

Bigot.
Le Roy.
André. } Officiers du gobelet.
Laloin.
Breuet.

La Ieuneſſe.
Palluau } Grands Valets de pied.
Verdelet.
Moriſque.

Montigny.
Le Cocq. } Petits Valets de pied.
Chaſteau neuf.

Trente-

Trente-Quatre Concertants des quatre Saisons,
tant Grands, que Petits Violons.

Grands Violons.

Du Manoir.	Balus.
Leger.	Bruslard deſſus.
Fauier,	Bruslard baſſe.
Mazuel.	Des-matins.
Ioubert.	Feugré.
Chaudron.	Leſperuier.
Du Pin.	Des Noyers.
Bonard.	Varin.
Artus.	Camille.
La Croix.	Broüard.

Petits Violons.

La Pierre.	Le Roux le cadet.
Marchand.	Broüart,
La Caiſſe.	Bary.
Magny.	Roullé.
Charlot.	Le Grais.
Martineau.	Heugé.
Le Roux l'aiſné.	La Riuiere.

Quatorze Concertants de Pan, & de Diane.

Fluttes.

Pieſche,	Louis Hottere.
Deſcouſteaux,	Nicolas Hottere, ou le Roy.
Martin Hottere,	Paiſible,
Iean Hottere,	Deſtouches.

C

Petits Violons.

Le Peintre,	Alais,
Beſſon,	Huguenet,
La Fontaine.	Guenin.

Pan, & Diane dans vne Machine.

Moliere.	Pan.
Mad^lle. Bejart.	Diane.

Vingt-huit de leur ſuite.

Baudoüin.
Benoiſt.
Du Mouſtier,
Gaſpard Harſent.   } Officiers de bouche.
Garpard de Moüet.
Irieux Magontier.
Iean Magontier.
Magontier Garde Vaiſſelle.

Suiſſes.

Catel,	Breſler,
François Mouſſu,	Elie,
Iacques Mouſſu,	Pidou,
Turbau,	Robbe,
Faure,	Tours-Quintener,
Bailly,	Victor Herck,
Iean Moran,	Samuſin,
Antoine Moran,	Sudan,
Claude Brochet,	Riemer,
Dominique Brochet,	Humberk,

*Dix-huit Pages de la Petite-Escurie, pour seruir
à Table les Dames.*

Boquebec,	Ste. Maure,
Sandricourt,	Despaux,
Gaffion,	La Couderelle,
D'Herouual,	Danucourt,
Brufleuert,	Du Pleffis,
Bitry,	Brion,
Dauigent,	Caliauet,
Colambert,	Angeruille,
Loubie,	Patriere.

*Huict Officiers du Gobelet du Roy, & de la Reyne, representant
les Plaisirs, les Ieux, les Ris, & les Delices, pour garder
les quatre Tables des quatre Saisons, & descharger les Baßins
que porteront les suittes desdites quatre Saisons.*

Mortier,	Bigot le fils,
Francifque,	De Briare,
Du Pille l'aifné,	De Nier,
Du Pille le cadet,	Ste. Fontaine le fils.

Messieurs les Controlleurs Generaux.

Monfieur de la Marche Coquet.	*L'Abondance.*
Monfieur Parfait Pere,	*La Ioye.*
Monfieur Parfait Fils,	*La Propreté.*
Monfieur Parfait Frere.	*La bonne-chere.*

SECONDE IOVRNEE.

La Comédie de Moliere , Musique &
Entrée de Ballet.

L'AVRORE.

Mad^lle. Hilaire.

Quatre Valets de Chiens, qui doiuent chanter.

Estiual.	Blondel.
Don.	Molliere.

Six autres Valets de Chiens, qui doiuent danser.

Paysan.	Pesan.
S André.	Bonard,
Noblet.	La Pierre,

Deux Ours.

Mercier.	Vagnard.

Huict Paysans.

Paysan.	Chicanneau.
Baltazard.	Mançeau.
Noblet.	Magny,
Bonard.	La Pierre.

Vn Satyre.

Eſtiual.

Deux Paſtres.

Le Gros.　　　　Blondel.

Deux Bergeres Heroïques.

Mad^{lle.} La Barre.　　　Mad^{lle.} Hilaire.

Deux Bergers Heroïques.

Don.　　　　Eſtyual.

Seize Faunes

FLVTTES.

Pieſche.　　　　Louis Hottere.
Deſcouſteaux.　　Iean Hottere.
Deſtouche.　　　Nicolas Hottere, ou le Roy.
Martin Hottere,　Paiſible.

Petits Violons.

Marchand.　　　Charlot.
La Caiſſe.　　　Alais.
Beſſon.　　　　Huguenet.
Magny.　　　　La Fontaine.

D

Quatre Bergers, & quatre Bergeres.

Bergers.	Chicanneau. Baltafar.	
	Du Pron. Magny.	**Bergeres.**
	Noblet. Arnald.	
	La Pierre. Bonard.	

Concertans de l'Orcheftre,

D'Anglebert.   La Barre le Cadet.

Richard.   Tiffu.

Ittier.   Le Moine.

Grands Violons.

Du Manoir,	Artus,
Leger,	La Croix.
Mazuel,	Des-matins,
Fauier,	Feugré,
Chaudron,	Du Pin,
Bruflard deffus,	Lefperuier,
Bruslard baffe,	Camille,
Broüard,	Varin,
Ioubert,	Des Noyers,
Baslin,	

Petits Violons.

Martineau,	Le Grais,
Barry,	Heugé,
Le Roux l'aifné,	Le Peintre,
Le Roux le cadet,	Guenin,
Broüart,	La Riuiere.
Roulé,	

TROISIESME IOVRNE'E.

Alcine fur vne Machine, qui vient
au bord de l'eau.

Mad^{lle.} du Parc.   Alcine.

Deux Nymphes de mefme.

Mad^{lle.} de Brie,   Célie.
Mad^{lle.} Moliere.   Dircé.

Ballet du Palais d'Alcine.

PREMIERE ENTREE'.

Quatre Geants, & quatre petits Garçons.

Vagnard,
Pefan,   } Geants.
Mançeau,
Ioubert.

Les deux petits Des-Airs,
Le petit Vagnard.   } Petits Garçons.
Le petit Tutin.

DEVXIESME ENTRE'E.

Huit Maures

D'Heureux,   Le Chantre,
Beauchamp,   De Gan,
Molier,   Du Pron,
La Marre,   Mercier.

TROISIESME ENTRE'E.

Six Cheualiers, & six Monstres.

Cheualiers.	Monstres.
Souuille,	Chicanneau,
Raynal,	Noblet,
Des-Airs l'aisné,	Arnald,
Des-Airs le second,	Desbrosses,
De Lorge,	Desonets,
Balthasard,	La Pierre.

IV. ENTRE'E.

Demons Agilles.

Tartas,
S. André,

V. ENTRE'E.

Autres Demons Sauteurs.

Tutin.
La Brodiere.
Pelau.
Bureau.

VI.

VI. ET DERNIERE ENTRE'E.

Alcine,   *Meliſſe,*   *Roger.*
Quatre Cheualiers, & quatre Eſcuyers.

Mad^{lle}. du Parc.	*Alcine.*
De Lorge.	*Meliſſe.*
Beauchamp.	*Roger.*

D'Heureux,
Raynal,
Du Pron.
Desbroſſes.   }   *Cheualiers.*

La Marre,
Le Chantre,
De Gan,
Mercier,   }   *Eſcuyers.*

A vn des coſteʒ du Palais d'Alcine ſur vn Eſchaffaut, ſeront les Trompettes, & Tymballes.

TROMPETTES.

Rhodes,	Champagne,
La Chapelle,	La Fleur,
Du Pré,	Beaulieu,
La Salle,	Orleans,
Leger,	Beaulis,
La Plaine,	La Marche.

QVATRE TYMBALLES.

Beaupré,	Louis d'Escre,
Iolicœur,	Saint Iean.

A l'autre costé sur trois autres eschaffauts seront Grands Violons, Petits Violons, & les Fluttes.

GRANDS VIOLONS.

Du Manoir,	Bruslard basse.
Leger.	Bonard,
Mazuel,	Artus,
Fauier,	Broüard
Ioubert,	Feugré,
Du Pin,	La Croix,
Chaudron.	Balus,
Des Noyers,	Des-matins,
Varin,	Lesperuier,
Bruslard dessus.	Camille,

PETITS VIOLONS.

Marchand	Le Grais,
La Caisse,	Heugé,
Magny,	Le Peintre,
Charlot,	La Riuiere,
Martineau,	Besson,
Barry	Alais,
Le Roux l'aisné	La Fontaïne,
Le Roux le cadet,	Huguenet,
Broüart,	Guenin,
Roullé,	

FLVTTES,

Piefche,	Louis Hottere,
Defcoufteaux,	Iean Hottere,
Deftouches,	Nicolas Hottere , ou le Roy,
Martin Hottere,	Paifible.

FIN.